BEI GRIN MACHT SICH II
WISSEN BEZAHLT

- Wir veröffentlichen Ihre Hausarbeit,
  Bachelor- und Masterarbeit

- Ihr eigenes eBook und Buch -
  weltweit in allen wichtigen Shops

- Verdienen Sie an jedem Verkauf

Jetzt bei www.GRIN.com hochladen
und kostenlos publizieren

Sandro Gertz, Gerry Bachlmayr, Björn Grünberg

Entwicklung eines plattformunabhängigen Projektmanagementtools auf der Basis von Web-Services

GRIN Verlag

Bibliografische Information der Deutschen Nationalbibliothek:

Die Deutsche Bibliothek verzeichnet diese Publikation in der Deutschen National-
bibliografie; detaillierte bibliografische Daten sind im Internet über http://dnb.d-
nb.de/ abrufbar.

Dieses Werk sowie alle darin enthaltenen einzelnen Beiträge und Abbildungen
sind urheberrechtlich geschützt. Jede Verwertung, die nicht ausdrücklich vom
Urheberrechtsschutz zugelassen ist, bedarf der vorherigen Zustimmung des Verla-
ges. Das gilt insbesondere für Vervielfältigungen, Bearbeitungen, Übersetzungen,
Mikroverfilmungen, Auswertungen durch Datenbanken und für die Einspeicherung
und Verarbeitung in elektronische Systeme. Alle Rechte, auch die des auszugsweisen
Nachdrucks, der fotomechanischen Wiedergabe (einschließlich Mikrokopie) sowie
der Auswertung durch Datenbanken oder ähnliche Einrichtungen, vorbehalten.

Impressum:

Copyright © 2005 GRIN Verlag GmbH
Druck und Bindung: Books on Demand GmbH, Norderstedt Germany
ISBN: 978-3-656-25153-8

Dieses Buch bei GRIN:

http://www.grin.com/de/e-book/38936/entwicklung-eines-plattformunabhaengigen-
projektmanagementtools-auf-der

GRIN - Your knowledge has value

Der GRIN Verlag publiziert seit 1998 wissenschaftliche Arbeiten von Studenten, Hochschullehrern und anderen Akademikern als eBook und gedrucktes Buch. Die Verlagswebsite www.grin.com ist die ideale Plattform zur Veröffentlichung von Hausarbeiten, Abschlussarbeiten, wissenschaftlichen Aufsätzen, Dissertationen und Fachbüchern.

Besuchen Sie uns im Internet:

http://www.grin.com/

http://www.facebook.com/grincom

http://www.twitter.com/grin_com

Fallstudie PM 1

Entwicklung eines plattformunabhängigen
Projektmanagementtools auf der Basis von Web-Services

Hamburg, 5. Februar 2005
Gerry Bachlmayr, Sandro Gertz, Björn Grünberg

Studiengang Informatik

Inhaltsverzeichnis

1 Einleitung

Web-Services spielen in der Softwareentwicklung von Unternehmen eine immer größer werdende Rolle. Zwar nutzen zur Zeit nur etwa 5% bis 10% der „Fortune 1.000 – Unternehmen" diese Technologie, bis zum Jahresende 2004 sollen aber bereits 83% dieser Unternehmen entsprechende Entwicklungstools zu Testzwecken im Einsatz haben[1]

Die Architektur auf offene Standards bei Web-Services verspricht einen einfach zu realisierenden plattformunabhängigen Einsatz. Der plattformunabhängige Einsatz ist notwendig, da nur wenige Unternehmen eine bestimmte Rechnerplattform zu 100% in ihrem Unternehmen im Einsatz haben[2].

Da Projektmanagement eine immer größere Rolle sowohl in Großunternehmen als auch in mittelständischen Unternehmen spielt[3], soll im Rahmen der Fallstudie I untersucht werden, in wie weit die Entwicklung eines plattformunabhängigen Projektmanagement Tools auf der Basis von Web-Services realisiert werden kann.

2 Projektmanagement

Zunächst sollen die Begriffe Projekt und Projektmanagement umfassend erläutert werden. Anschließend erfolgt die Umsetzung von Web-Services bei einem Projektmanagementtool und deren Bewertung.

2.1 Projektbegriff

Der Begriff „Projekt" wird durch DIN 69 901 definiert. Es handelt sich dabei um ein Vorhaben, welches einmalig durchgeführt wird und über mindestens eines der folgenden Merkmale verfügt

- festes Ziel
- zeitliche, finanzielle, personelle oder andere Begrenzung
- Abgrenzung gegenüber anderen Vorhaben
- Projektspezifische Organisation[4].

---

[1] Vgl. Yankee Group; Veröffentlichung 12. Oktober 2004
[2] Vgl. Michael Bernecker, Klaus Eckrich „Handbuch Projektmanagement"; 2003; S. 501
[3] Vgl. Michael Bernecker, Klaus Eckrich „Handbuch Projektmanagement"; 2003; S. 495
[4] Vgl. DIN 69 901

Dabei umfasst das Projekt alle Aufgaben und Tätigkeiten, die für das Erreichen des Projektzieles erforderlich sind[5].

2.2   Projektmanagementdefinition

Auch der Begriff „Projektmanagement" wird in der DIN 69 901 definiert. Es handelt sich dabei um die „Gesamtheit von Führungsaufgaben, -organisation, -techniken und – mittel für die Abwicklung eines Projektes.".

2.3   Ebenen/Phasen des Projektmanagements

Das Projektmanagement gliedert sich in vier Ebenen. Diese sind Projektdefinition, Projektplanung, Projektkontrolle sowie Projektabschluss[6].

---

[5] Vgl. Burghardt, „Einführung in Projektmanagement"; Erlangen 1999; Seite 19
[6] Vgl. Burghardt, „Einführung in Projektmanagement"; Erlangen 1999; Seite 12

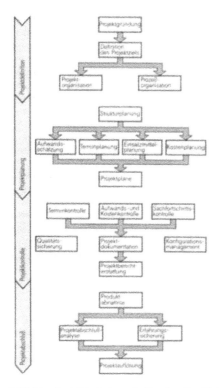

Abbildung 1 - entnommen von Burghardt, „Einführung in Projektmanagement"; Erlangen 1999

2.3.1 Projektdefinition

In der Projektdefinition werden die Vorgaben für die Projektplanung festgelegt.
Zu diesen Vorgaben zählen neben der eigentlichen Gründung des Projektes, die
Festlegung des Projektzieles, die Organisation des Projektes sowie die Organisation
des Prozesses[7].

---

[7] Vgl. Burghardt, „Einführung in Projektmanagement"; Erlangen 1999, Seite 13

2.3.1.1 Gründung des Projektes

Zu nächst muss das Projekt beantragt werden. Dazu werden in einem Projektantrag alle notwendigen Angaben wie Aufgabenbeschreibung, Kosten- und Terminziele sowie die Verantwortlichkeiten aufgenommen[8].

2.3.1.2 Festlegung des Projektzieles

Nachdem die Gründung des Projektes erfolgt ist, muss das vollständige Ziel des Projektes definiert werden. Dies beinhaltet die Erstellung eines Pflichtenheftes bzw. Anforderungskataloges für das zu erstellende Produkt[9].

2.3.1.3 Organisation des Projektes

Damit das Projekt erfolgreich durchgeführt werden kann, müssen auch organisatorische Voraussetzungen geschaffen werden. Zu diesen zählen unter anderem die Festlegung eines Projektleiters und das Einrichten des Projektbüros.[10]

2.3.1.4 Organisation des Prozesses

Zum Schluss muss die Ablauforganisation des Projektes bestimmt werden. Hierzu zählen unter anderem das Festlegen von Entwicklungsphasen sowie von Meilensteinen[11].

2.3.2 Projektplanung

Nachdem der Projektauftrag erteilt wurde, folgt die Projektplanung. Sie umfasst neben der Strukturplanung, die Aufwandsschätzung, die Arbeitsplanung sowie die Kostenplanung[12].

2.3.2.1 Strukturplanung

Zu nächst muss das Projekt technisch, aufgabenmäßig und kaufmännisch strukturiert werden[13].

---

[8] Vgl. Burghardt, „Einführung in Projektmanagement"; Erlangen 1999; Seite 13
[9] Vgl. Burghardt, „Einführung in Projektmanagement"; Erlangen 1999; Seite 13
[10] Vgl. Burghardt, „Einführung in Projektmanagement"; Erlangen 1999; Seite 13
[11] Vgl. Burghardt, „Einführung in Projektmanagement"; Erlangen 1999; Seite 13
[12] Vgl. Burghardt, „Einführung in Projektmanagement"; Erlangen 1999; Seite 14

2.3.2.2 Aufwandsschätzung

An Hand des Strukturplanes kann man eine Aufwandsschätzung für die einzelnen Teilaufgaben des Projektes durchführen. Zur Unterstützung kann man dabei neben den Rat von Experten auch auf Aufwandsschätzverfahren zurückgreifen[14].

2.3.2.3 Arbeitsplanung

Mit Hilfe der Aufwandsschätzung kann man anschließend für die einzelnen Teilaufgaben des Projektes eine Arbeitsplanung durchführen.

Darin werden die Aufgaben sowie deren zeitliche Begrenzung für die einzelnen Projektmitarbeiter festgelegt.

Des Weiteren kann hier für einen optimalen Einsatz der zur Verfügung stehenden Ressourcen gesorgt werden[15].

2.3.2.4 Kostenplanung

Die Kostenplanung beinhaltet eine detaillierte Projektkalkulation. Durch sie wird eine effektive Kostenkontrolle ermöglicht[16].

2.3.3 Projektkontrolle

Nachdem die Projektplanung abgeschlossen wurde, beginnt die Projektdurchführung. Die Projektdurchführung wird parallel von der Projektkontrolle begleitet. Es findet dabei ein ständiger Plan/Ist-Vergleich statt. Dadurch sollen möglichst frühzeitig Planabweichungen erkannt werden.

Zur Projektkontrolle gehören neben der Terminkontrolle, die Aufwands- und Kostenkontrolle, die Sachfortschrittskontrolle, die Qualitätssicherung sowie Projektdokumentation[17].

---

[13] Vgl. Burghardt, „Einführung in Projektmanagement"; Erlangen 1999; Seite 14
[14] Vgl. Burghardt, „Einführung in Projektmanagement"; Erlangen 1999; Seite 13
[15] Vgl. Burghardt, „Einführung in Projektmanagement"; Erlangen 1999; Seite 14
[16] Vgl. Burghardt, „Einführung in Projektmanagement"; Erlangen 1999; Seite 14
[17] Vgl. Burghardt, „Einführung in Projektmanagement"; Erlangen 1999; Seite 15

2.3.3.1 Terminkontrolle

Die Terminkontrolle soll einen Gesamtblick über die Einzelaufgaben mit deren Abhängigkeiten in einem Projekt ermöglichen. Die Praxis hat gezeigt, dass dies in größeren Projekten nur mit der Netzplantechnik sinnvoll durchführbar ist[18].

2.3.3.2 Aufwands- und Kostenkontrolle

Zu den wichtigsten Elementen der Aufwands- und Kostenkontrolle gehören die Stundenkontierung, Rechnungsschreibung und Bestellwertfortschreibung[19].

2.3.3.3 Sachfortschrittskontrolle

Die Sachfortschrittskontrolle ist die bedeutendste Kontrollaufgabe des Projektleiters. Da es oft keine qualifizierbaren Meßgrößen für den Sachfortschritt gibt, muss auf Ersatzgrößen zurückgegriffen werden.

Ersatzweise kann man auch in festen Abständen Restaufwands- und Restzeitschätzungen vornehmen[20].

2.3.3.4 Qualitätssicherung

Die Qualitätssicherung soll Sicherstellen, dass die Qualität des Produktes bei möglichst geringen Kosten erreicht wird. Dies beginnt mit der Prüfung der Entwurfsdokumente während der Planungsphase und setzt sich in der Fehlerbehebung während der Realisierung fort[21].

2.3.3.5 Projektdokumentation

In die Projektdokumentation gehören alle Informationen über das Projektgeschehen. Für eine effektive Verwaltung dieser Informationen bzw. Dokumente sollte eine Dokumentationsordnung festgelegt werden[22].

---

[18] Vgl. Burghardt, „Einführung in Projektmanagement"; Erlangen 1999; Seite 15
[19] Vgl. Burghardt, „Einführung in Projektmanagement"; Erlangen 1999; Seite 15
[20] Vgl. Burghardt, „Einführung in Projektmanagement"; Erlangen 1999; Seite 15
[21] Vgl. Burghardt, „Einführung in Projektmanagement"; Erlangen 1999; Seite 15
[22] Vgl. Burghardt, „Einführung in Projektmanagement"; Erlangen 1999; Seite 15

2.3.4 Projektabschluss

Zum Projektabschluss gehören die Produktabnahmen, die Projektabschlussanalyse, die Erfahrungssicherung sowie die Projektauflösung[23].

2.3.4.1 Produktabnahme

Während der Produktabnahme wird das Entwicklungsergebnis einem Abnahmetest unterzogen. Dieser sollte möglichst nicht bei der entwickelnden Stelle durchgeführt werden[24].

2.3.4.2 Projektabschlussanalyse

In der Projektabschlussanalyse wird die Nachkalkulation durchgeführt. Dabei wird die Abweichung von Terminen, Kosten sowie der Leistungs- und Qualitätsmerkmale untersucht. Dabei sollen vor allem deren Ursachen gefunden und Abhilfen geschaffen werden[25].

2.3.4.3 Erfahrungssicherung

Am Ende eines Projektes empfiehlt es sich, die gewonnen Erfahrungen zu sichern. Diese können später als Basis für die Kalkulation weitere Projekte dienen[26].

2.3.4.4 Projektauflösung

Die Projektauflösung ist der letzte Schritt bei der Abwicklung eines Projektes. Dabei werden den beteiligten Projektpersonen neue Aufgaben erteilt, sowie die in dem Projekt gebunden Ressourcen freigegeben[27].

2.4 Risiken eines Projektes

Zu den Risiken eines Projektes zählen das Terminrisiko, das Kostenrisiko, das Qualitätsrisiko sowie das Ressourcenrisiko[28].

---

[23] Vgl. Burghardt, „Einführung in Projektmanagement"; Erlangen 1999; Seite 16
[24] Vgl. Burghardt, „Einführung in Projektmanagement"; Erlangen 1999; Seite 16
[25] Vgl. Burghardt, „Einführung in Projektmanagement"; Erlangen 1999; Seite 16
[26] Vgl. Burghardt, „Einführung in Projektmanagement"; Erlangen 1999; Seite 16
[27] Vgl. Burghardt, „Einführung in Projektmanagement"; Erlangen 1999; Seite 16

2.4.1 Terminrisiko

Ein Terminrisiko kann bestehen, wenn das Projekt innerhalb einer kurzen Zeit realisiert werden soll und somit nur wenig Pufferzeit eingeplant wird. Des Weiteren können aber auch einzelne Abschnitte eines Projektes zeitkritisch sein.
Bei Projekten mit Laufzeiten über 3 Jahren können ebenfalls Terminrisiken entstehen. Im Laufe des gesamten Projektes kann es zu personellen Änderungen der Projektmitarbeiter und somit zu Diskontinuitäten kommen[29].

2.4.2 Kostenrisiko

Unter Kosten werden im Sinne des Projektmanagements sämtliche Kosten, die innerhalb eines Projektes anfallen, verstanden[30].
Diese können auf Grund der Einmaligkeit des Projektes nur schwer im Voraus geschätzt werden, zu mal oft der Auftraggeber des Projektes keine genauen Vorstellungen von dem Ziel hat[31].
Zusätzlich spielen hier das Währungsrisiko, die Entwicklung von Lohn und Materialkosten und auch noch nicht getroffene Vereinbarungen mit Lieferanten oder Subunternehmern eine Rolle.[32]

2.4.3 Qualitätsrisiko

Unter dem Qualitätsrisiko versteht man die Gefahr, das Projektziel sowohl qualitativ als auch quantitativ nicht zu erreichen[33].

2.4.4 Ressourcenrisiko

Oft wird bei Projekten von einem Ressourcenrisiko gesprochen.
Dieses Risiko stellt jedoch kein eigenständiges Risiko dar. Statt dessen setzt es sich aus dem Termin- und dem Kostenrisiko zusammen.

---

[28] Vgl. Wischnewski, „Modernes Projektmanagement" 7. Auflage; Wiesbaden 2001, Seite 29ff
[29] Vgl. Wischnewski, „Modernes Projektmanagement" 7. Auflage; Wiesbaden 2001, Seite 29
[30] Vgl. Wischnewski, „Modernes Projektmanagement" 7. Auflage; Wiesbaden 2001, Seite 29
[31] Vgl. Schulz-Wimmer; „Projekte managen"; Freiburg im Breisgau; Seite 84
[32] Vgl. Wischnewski, „Modernes Projektmanagement" 7. Auflage; Wiesbaden 2001, Seite 29
[33] Vgl. Wischnewski, „Modernes Projektmanagement" 7. Auflage; Wiesbaden 2001, Seite 29

Bei Ressourcen wird entweder die bis dahin verbleibende Zeit (Terminrisiko) knapp, oder aber die Kosten (Kostenrisiko) für zusätzliche Ressourcen (z.B. Projektmitarbeiter) zur Minimierung des Terminrisikos steigen an[34].

2.5   Akteure im Projekt

Die in einem Projekt beteiligten Personen sind der Projektleiter, das Projektteammitglied, der Projektmitarbeiter und der Auftraggeber[35].

2.5.1   Projektleiter

Das Projekt wird von einem Projektleiter geleitet. Das heißt, er plant, koordiniert die Aufgabenverteilung und kümmert sich um aufgetretene Probleme.
Zusätzlich berichtet er regelmäßig dem Auftraggeber über den Stand des Projektes, Planabweichungen sowie aufgetretene Probleme[36].

2.5.2   Projektteammitglied

Das Projektteammitglied ist verantwortlich für die ihm übertragenen Aufgaben. Daneben nimmt es im Projekt auch Planungs- und Steuerungsaufgaben war[37].

2.5.3   Projektmitarbeiter

Der Projektmitarbeiter führt die ihm gestellten Projektaufgaben auf Grund seiner fachlichen Qualifizierung aus. Er ist nur für die Dauer der Bearbeitung der Aufgabe Projektmitarbeiter[38].

---

[34] Vgl. Wischnewski, „Modernes Projektmanagement" 7. Auflage; Wiesbaden 2001, Seite 31
[35] Vgl. Georg Kraus,Reinhold Westermann; „Projektmanagement mit System, Organisation, Methoden, Steuerung"; Wiesbaden 1995, Seite 29
[36] Vgl. Roman Bendisch, „Effizientes und Effektives Projektmanagement"; FOM 2004, Seite 15
[37] Vgl. Georg Kraus,Reinhold Westermann; „Projektmanagement mit System, Organisation, Methoden, Steuerung"; Wiesbaden 1995, Seite 30
[38] Vgl. Georg Kraus,Reinhold Westermann; „Projektmanagement mit System, Organisation, Methoden, Steuerung"; Wiesbaden 1995, Seite 30

2.5.4 Auftraggeber

Projekte können von verschiedensten Personen in Auftrag gegeben werden. Von unternehmensinternen Personen wie z.b. einer Fachabteilung oder auch von unternehmensexternen Personen wie z.b. einem Lieferanten.

Der Auftraggeber legt das Ziel sowie das Budget des Projektes fest[39].

3 Anforderungen an ein Projektmanagementtool

Bisher wurde untersucht, aus welchen Bestandteilen und Phasen ein Projekt besteht und welche Aspekte bei der Durchführung eines Projektes zu berücksichtigen sind. Dabei wurden Anforderungen an ein Projektmanagementtool wie z.b. die Unterstützung zur Verringerung von Termin- sowie Kostenrisiken, die Projektdokumentation, die Anbindung eines Fremdsystems, mit deren Hilfe man z.b. das Aufwandsschätzverfahren durchführen kann, deutlich.

Durch ständige Soll-Ist Vergleiche des Projektmanagementtools, wie sie z.b. beim Kosten- und Terminrisiko durchgeführt werden können, können Abweichungen vom Plan möglichst früh erkannt werden. Dadurch wird gewährleistet, dass der Korrekturaufwand möglichst gering gehalten werden kann[40].

Eine weitere Anforderung an ein Projektmanagementtool ist, die Ressourcenkontrolle über mehrere Projekte zu unterstützen.

So kann darüber z.b. der Einsatz von Mitarbeitern in mehreren Projekten koordiniert und gesteuert werden.

Da in dieser Fallstudie der plattformunabhängige Einsatz von Web-Services untersucht wird, sollen im weiteren Verlauf die Anforderungen an das Projektmanagementtool auf die Plattformunabhängigkeit beschränkt bleiben.

3.1 Definition der Plattformunabhängigkeit

Plattformunabhängigkeit heißt in dieser Fallstudie, dass die Projektbeteiligten das Projektmanagementtool unabhängig von deren Standort und IT-Landschaft nutzen können.

---

[39] Vgl. Roman Bendisch, „Effizientes und Effektives Projektmanagement"; FOM 2004, Seite 13
[40] Vgl. Burghardt, „Einführung in Projektmanagement"; Erlangen 1999; Seite 147

Dabei sollen die unterschiedlichen Clients mittels eines Web-Service auf den zentralen Anwendungsserver zu greifen.

3.2 Anforderungsmatrix der Projektbeteiligten

Zur Vereinfachung sollen nur die Projektleiter, die Projektteammitglieder sowie die Projektmitarbeiter auf die Anwendung zu greifen können.

Die Anforderungen der einzelnen Projektbeteiligten an das Projektmanagementtool soll die folgende Matrix verdeutlichen:

	Projekt-leiter	Projekt-teammitglied	Projekt-mitarbeiter
Anmeldung am System	x	x	x
Anlegen eines Projektes	x		
Anlegen einer Aufgabe	x	x	
Erledigen einer Aufgabe	x	x	x
Überblick über Aufgaben-status	x	x	
Überblick über Projektstatus	x		

Tabelle 1 – Anforderungsmatrix der Projektbeteiligten

4 Entwicklung eines Projektmanagementtools

Nachdem die Anforderungsanalyse für das Projektmanagementtool erstellt worden ist, ist es das Ziel der Entwicklungsphase, die herausgearbeiteten projektspezifischen Anforderungen umzusetzen. Erster Schritt hierzu ist die konkrete, detaillierte Erfassung der möglichen Systemfunktionalitäten durch die Analyse entsprechender Szenarien und Anwendungsfälle. Diese sind die Voraussetzung für die Designphase, in der die analysierten Akteure und Ablaufszenarien der Realwelt in technisch realisierbare Objekte umgewandelt werden, sowohl konzeptionell, als auch in der technischen Implementierung. Abgeschlossen wird diese Phase dann durch die Kontrolle der einzelnen Komponenten des Phasenoutputs, die essentiell für das weitere Vorgehen ist. Die besonderen Anforderungen im Rahmen der Entwicklung eines Projektmanagementtools sind während der gesamten geschilderten Prozesse zu berücksichtigen.

4.1 Analyse

„Die Entwicklung eines Systems beginnt damit, dass die grundsätzliche Zielsetzung und Systemidee gefunden werden muss." Nach der Entwicklung der Systemidee wird diese schriftlich formuliert[41].

Die Systemidee für das zu entwickelnde Projektmanagementtool lässt sich in folgende grundlegende Haupteigenschaften gliedern:

- Abbildung eines Projektverlaufs
- Aufgaben werden mit einem Status versehen und können einzelnen Projektmitgliedern zugeordnet werden
- Das Werkzeug soll auch einsetzbar sein, wenn sich die Projektmitglieder an unterschiedlichen Standorten mit unterschiedlichen IT-Infrastrukturen befinden.

4.1.1 Szenario

Die Systemidee für das zu entwickelnde Projektmanagementtool umfasst folgende Grundgedanken: Das System soll einen Projektverlauf abbilden, der vom Projektmanager definiert wird. Ein Projekt kann aus mehreren Meilensteinen bestehen.

---

[41] Vgl. Oestereich, „Objektorientierte Softwareentwicklung – Analyse und Design mit der UML 2.0" 6. Auflage; München 2004, Seite 89-91

Jedem Meilenstein können mehrere Aufgaben zugeordnet werden. Jede Aufgabe wird einem Projektmitglied zugewiesen.

Wurde eine Aufgabe erledigt wechselt der Status der Aufgabe automatisch von „offen" auf „erledigt". Ein Meilenstein gilt als erledigt, wenn alle ihm zugewiesenen Aufgaben erledigt wurden. Der Projektmanager kann den Fortschritt des Projektes betrachten. Projektmitglieder können nur jene Aufgaben sehen, die ihnen zugeordnet wurden.

Die einzelnen Szenarien werden im Kapitel „Anwendungsfälle" beschrieben. „Ein Anwendungsfall beschreibt eine Menge möglicher Szenarien und kann verschiedene Ablaufvarianten umfassen"[42].

4.1.1.1   Fachliche Anforderungen

Das System soll nur für autorisierte Anwender einsetzbar sein. Nach dem Anmelden werden dem Benutzer seine eigenen Aufgaben angezeigt. Alle Aufgaben werden sequentiell abgearbeitet. Beim Statuswechsel einer Aufgabe von „offen" auf „erledigt" wird der Inhaber der Folgeaufgabe benachrichtigt.

4.1.1.2   Nicht-fachliche Anforderungen

Das Gesamtsystem besteht aus einer Serveranwendung mindestens einer Clientanwendung. Damit das System für verteilte Projekte mit unterschiedlichen Standorten eingesetzt werden kann und keine Infrastrukturabhängigkeit besteht, soll der Zugriff auf die Serveranwendung über eine plattformunabhängige Schnittstelle erfolgen.

4.1.2   Anwendungsfälle

Grundlage für die Umsetzung der Realweltanforderungen in die technische Implementierung ist die detaillierte Darstellung dieser Anforderungen auf der Basis entsprechender Prozess- und Anwendungsfälle. Dies gilt besonders für die unmittelbar folgende Designphase, die auf den Ergebnissen dieses Abschnitts aufbaut.

Zur einfachen Darstellung von Prozessen im Allgemeinen stellt UML Anwendungsfalldiagramme zur Verfügung, wodurch Anwendungsfälle mit ihren Beziehungen untereinander und zu beteiligten Personen, Ereignissen oder Prozessen beschrieben werden[43]. Die Aussagekraft von Anwendungsfalldiagrammen ist jedoch beschränkt, da sie nur einen groben Ablauf über die Geschäftsvorfälle geben, aber die Abläufe innerhalb eines Prozesses im Einzelnen nicht erkennbar sind[44]. Außerdem werden hierdurch nicht alle Anforderungen beschrieben, da z.B. externe Schnittstellen, interne Datenformate sowie Anforderungen an Rechner, Speicher und Netzwerk nicht erfasst werden[45]. Aufgrund der geringeren Anforderungskomplexität des Beispielprojektes können die Prozesse an sich vernachlässigt werden, da es sich hierbei jeweils nur um eine einzelne Tätigkeit handelt, wodurch sie in einem Anwendungsfalldiagramm in ausreichendem Maße abgebildet werden können. Auf zuletzt erwähnte Punkte wird in anderen Kapiteln im Rahmen dieser Arbeit gesondert eingegangen. Daher erscheinen diese Diagrammtypen hinreichend geeignet, die Ziele dieser Phase umzusetzen.

Im Wesentlichen können innerhalb des Projektrahmens zwei Prozesse herauskristallisiert werden: Zum einen das Anlegen eines Projekts, und zum anderen die Darstellung der Abarbeitung der einzelnen Schritte sowie Meilensteine, was schließlich zum Projektabschluss führt. Hierdurch werden letztendlich auch die beiden Kernfunktionalitäten eines Projektes dargestellt.

---

[42] Bernd Oestereich, „Objektorientierte Softwareentwicklung – Analyse und Design mit der UML 2.0" 6. Auflage; München 2004, Seite 220
[43] Vgl. Thomas Erler, UML, 1. Auflage, Landsberg 2000, S. 61
[44] Vgl., ebd., S. 62
[45] Vgl. Starke, Gernot, Software-Engineering,
http://www.gernotstarke.de/themen/swe0304/Handout_UseCases_SWE_FHSWF0304.pdf

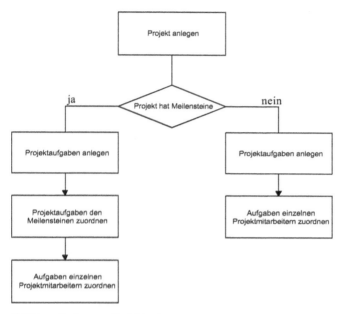

Abbildung 2 - Prozess Projekt anlegen

Wie Abbildung 2 zeigt, gibt es innerhalb des anfänglichen Prozesses nur eine
Entscheidungssituation, nämlich ob das Projekt über Meilensteine verfügt.
Entsprechende Entscheidungsauswirkungen wirken sich aber nur auf die
Gliederungstiefe des Projektes aus. Wie Abbildung 3 zeigt, ist der Hauptakteur in
diesem Prozess der Projektmanager, da dieser initiierend tätig wird, die einzige
Entscheidung trifft sowie alle anzulegenden Objekte bearbeitet. Aus dem
Anwendungsfalldiagramm wird deutlich, dass er in der Prozesshierarchie die oberste
Position einnimmt.

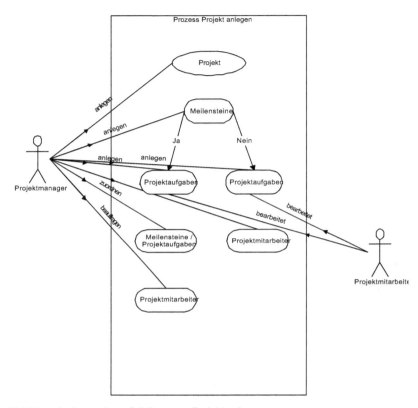

Abbildung 3 - Anwendungsfalldiagramm Projekt anlegen

Die zweite Hauptaufgabe innerhalb eines Projektmanagementtools ist die Organisation der Bearbeitung der Projektschritte. Hierbei kommt es darauf an, unnötige Wartezeiten der Projektmitarbeiter zu vermeiden, indem das Tool entsprechende Nachrichten an die nachfolgenden Prozessbearbeiter schickt. Außerdem ist es für das Projektcontrolling unerlässlich, den Verantwortlichen, gemäß unserem Design der Projektmanager, über den Fortschritt der Abarbeitung zu informieren, damit dieser zeitliche Rückstände schnell erkennen und gegebenenfalls Maßnahmen einleiten kann.

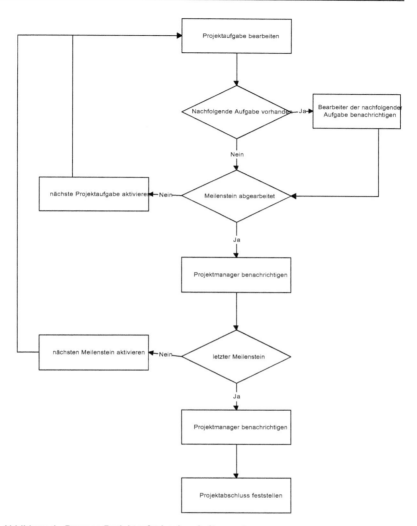

Abbildung 4 - Prozess Projektaufgabenbearbeitung

Abbildung 4 verdeutlicht den für ein Projektmanagementtool typischen sequentiellen Prozess, bei dem die einzelnen Schritte einer Gliederungsebene nacheinander abgearbeitet werden, und bei Abschluss einer Ebene die Nächste aktiviert wird bis der Projektabschluss erreicht worden ist.

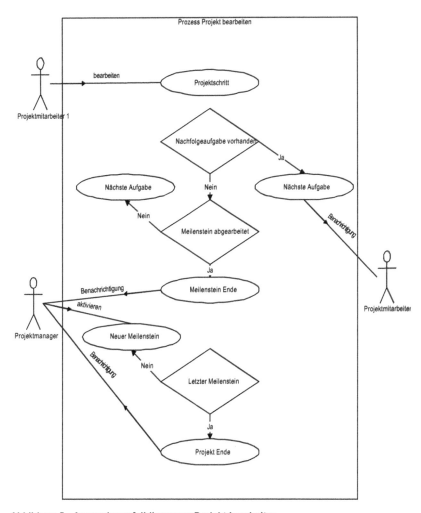

Abbildung 5 - Anwendungsfalldiagramm Projekt bearbeiten

Dies wird auch durch das Anwendungsfalldiagramm Projekt bearbeiten verdeutlicht.
Der wichtigste Aspekt im Rahmen eines Projektmanagementtools wird dahingehend

ersichtlich, dass es die Hauptaufgabe einer entsprechenden Applikation ist, zum einen die für die nächsten Schritte zuständigen Mitarbeiter zu benachrichtigen, und zum anderen den Projektmanager über den Abschluss von Kernpunkten des Projektes zu informieren.

4.2 Design

„Während des objektorientierten Designs liegt das Hauptgewicht auf der Definition der Software-Objekte und deren Zusammenspiel um den Anforderungen zu entsprechen."[46]

4.2.1 Infrastruktur

Das Netzwerkarchitekturdiagramm zeigt die Kommunikationswege der Client-Server Verbindung. Die Kommunikation erfolgt über das World Wide Web unter Verwendung des Transportprotokolls HTTP[47].

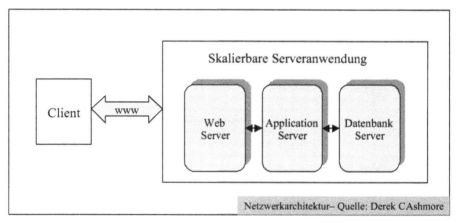

Abbildung 6 – angelehnt an Ashmore, The J2EE Architect's Handbook, 1. Auflage, DVT Press, Lombard 2004

---

[46] Larman, "Applying UML and Patterns" 2. Auflage; Upper Saddle River 2002; Seite 7

Die Methoden der Geschäftslogik werden als Web-Service zur Verfügung gestellt und sind somit durch standardbasierten Internetprotokolle wie beispielsweise HTTP zugänglich[48]. Die Serveranwendung kann auch auf beliebig viele physikalische Rechner verteilt werden um die Last auf einem einzelnen Rechner zu reduzieren[49].

Bei einem Web Service handelt es sich um ein „software system indentified by a URI, whose public interfaces and bindings are defined and described using XML. Its definition can be discovered by other software systems. These system may then interact with the Web Service in a manner prediscribed by its definition, using XML based messages conveyed by Internet protocols"[50].
Ein Service in diesem Zusammenhang ist ein Protokoll, das über Nachrichten kommuniziert[51]. Allgemein lassen sich folgende Grundsatzregeln für Services aufstellen[52]:

- Services dienen dazu, Systemgrenzen explizit auszudrücken. Ein Service verdeutlicht, dass man die Welt jenseits dieser Schnittstelle nicht unter Kontrolle hat.

- Ein Service ist autonom. Er wird unabhängig von seiner Umgebung in Betrieb genommen, versioniert und hat sein eigenes Sicherheitsmodell

- Ein Service definiert ein grobes Kommunikationsszenario und die kommunizierten Datenstrukturen, kein feingranulares Verhalten, wie man es aus Klassendefinitionen kennt.

- Kompatibilität beruht auf einvernehmlichen Verfahrensweisen, die ihrerseits auf stabilen, globalen Namensgebungen basieren.

---

[47] Vgl. Derek C. Ashmore, „The J2EE Architect's Handbook", 1. Auflage; Lombard 2004, Seite 105-108
[48] Vgl. Chappell, Chewell, "Java Web Services", 1. Auflage; Sebastopol 2002, Seite 10
[49] Vgl. Roman, Ambler, Jewell, „Mastering Enterprise JavaBeans", 2. Auflage; New York 2002, Seite 64
[50] W3C: Web Services Glossary, http://www.w3.org/TR/ws-gloss/
[51] Vgl. Grasmann, Stefan, Lentz, Steffen, .NET and the outside world – Kommunikation und Architektur mit Web Services in heterogenen Umgebungen, http://www.zuehlke.com/de/pdf/vortraege/WebServices-NET-and-the-outside-world.pdf, Stand: 24.01.2005
[52] Vgl. ebd., Die Grundsatzregeln werden mit Bezug auf die Definitionen von Don Box aufgeführt.

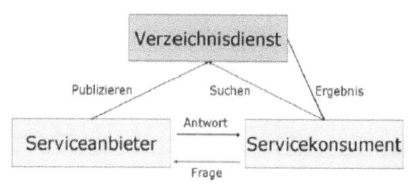

Abbildung 7 – Vereinfachter Aufbau eines Web Services[53]

Wie Abbildung 7 zeigt besteht ein Web Service aus drei Basiskomponenten[54]:

- Serviceanbieter – Dieser entwickelt den Web Service und stellt ihn über einen
  Verzeichnisdienst öffentlich zur Verfügung, damit er von entsprechenden
  Suchdiensten gefunden werden kann. Dabei bleibt der Dienst selber im
  Regelfall auf dem Server des Anbieters, der Verzeichnisdienst stellt eine Art
  Telefonbuch dar.

- Servicekonsument – Dieser möchte die Funktionalität des Web Service in
  Anspruch nehmen und sucht ihn über den Verzeichnisdienst. Dadurch erhält er
  die URL des Anbieters, wodurch eine direkte Kommunikation stattfinden kann.

- Verzeichnisdienst – Dieser stellt den zentralen Zugriffspunkt zum Bereitstellen
  bzw. Auffinden von Services dar. Durch ihn kann der potentielle Konsument
  einen Service kriterienspezifisch suchen, was über Matchmaking vollzogen
  wird, einer Technologie, die nach bestimmten Übereinstimmungen zwischen
  Angebot und Nachfrage sucht und dadurch einen möglichst passenden Dienst
  findet.

Es wird also deutlich, dass es verschiedenen Bereiche gibt, die standardisiert werden
müssen, damit das Prinzip eines Web Services funktioniert. Dabei ist der wichtigste

---

[53] Angelehnt an Hauser, Tobias, Löwer, Ulrich, Web Services – Die Standards, Bonn 2004, S.
16
[54] Vgl. Seifried, Christian, Standardisierung von Web Services, http://www.informatik.uni-
mannheim.de/pi4/lectures/ss2004/seminar/ausarbeitungen/seifried_standardisierung.pdf,
Stand: 23.01.2005

Aspekt die Übermittlung, die für die Kommunikation zwischen den beteiligten Akteuren notwendig ist. Ohne standardisierte Nachrichtenübermittlung ist keine Verständigung zwischen den Komponenten und somit auch kein Daten- oder Funktionalitätsaustausch möglich. Dies wird zusätzlich noch durch die unterschiedlichen Plattformen und Sprachen verstärkt, mit denen die einzelnen Services implementiert werden, wodurch die Notwendigkeit eines von allen verarbeitbares Protokoll deutlich wird[55]. Weiterhin muss auch die Beschreibung der Dienste einer standardisierten Form unterliegen, da der Serviceanbieter die Möglichkeit haben muss, die bereitgestellten Methoden seines Web Service für den Konsumenten verständlich zu beschreiben. Hierbei wäre auch von Vorteil, wenn die entsprechende Implementierung so erfolgen würde, dass der Dienst ohne Einwirkung einer Person für eine vorliegende Aufgabe beim Konsumenten diese Beschreibungen darstellen könnte, also eine „Maschine-zu-Maschine"-Kommunikation stattfinden könnte[56]. Letztendlich muss natürlich auch der Verzeichnisdienst eine einheitliche Funktionalität bieten, um eine standardisierte Serviceanmeldung und Servicesuchfunktionalität implementieren zu können. Hierzu gehört auch, dass der es bekannt sein muss, in welcher Form das Suchergebnis beim Verzeichnisdienst erfolgt.

Nachdem somit die theoretische Funktionsweise eines Web Service dargestellt worden ist, mit den dazu notwendigen Voraussetzungen, erscheint es sinnvoll, zu betrachten, warum Web Services überhaupt vorteilhaft sind bzw. welche vorhandenen Prinzipien durch sie abgelöst werden sollen.

Um Kommunikation zwischen verteilten und teilweise auch heterogenen Systemen zu ermöglichen wurde bisher Middleware eingesetzt, wie z.B. COM/DCOM, CORBA oder RMI. Hierbei traten jedoch häufig folgenden Probleme auf, die umso schwerwiegender waren, umso komplexer die zugrunde liegende Architektur war[57]:

- Probleme bei Sprachen- und Plattformunabhängigkeit
- Aufwendige Erstellung und Pflege
- Keine dynamische Kommunikation

Wie bereits aufgezeugt ermöglicht das den Web Services zugrunde liegende Prinzip sowohl Plattform- als auch Sprachenunabhängigkeit. Ebenso kann somit die teure und

---

[55] Vgl. ebd.
[56] Vgl. ebd.
[57] Vgl. Friedrich, Mirko, Web Services, http://ais.informatik.uni-leipzig.de/download/2003s_s_cwm/mirko.friedrich_web-services.pdf

aufwendige Middleware entfallen und es ist nur ein geringer Administrationsaufwand, nämlich des „eigenen" Programms notwendig[58].

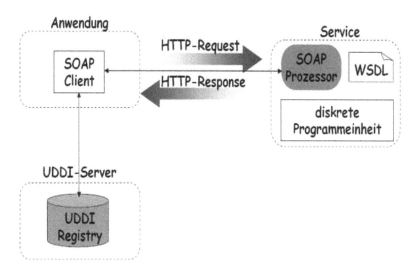

Abbildung 8 - Grundlegende Web Service - Interaktion[59]

Abbildung 8 zeigt die konkrete Umsetzung der oben formulierten theoretischen Anforderungen an einen Web Service.

Die Funktion des Beschreibens des Web Services-Interfaces wird durch WSDL (Web Service Description Language) gewährleistet. Dabei werden folgende Standardisierungsaspekte erreicht[60]:

- Repräsentation der Ein- und Ausgabeparameter
- Struktur der jeweiligen Funktion / Methode
- Aufruf des Dienstes
- Protokoll, das an den Service gebunden ist

Die WSDL ist somit maßgeblich dafür verantwortlich, dass der Client automatisch weiß, wer er mit dem Dienst interagieren muss.

---

[58] Vgl. ebd.
[59] Angelehnt an: Binh-Tam, Le, Web Services – Technologieansatz und Paradigmenwechsel, http://www.iib.bauing.tu-darmstadt.de/it@iib/1/1_it@iib_webservices.pdf

Die Standardisierung für die Offerierung von Web Services durch den Serviceanbieter wird durch UDDI (Universal Description, Discovery and Integration) sichergestellt. Hier stellt UDDI eine WWW-Registrierung für Web Services zur Verfügung, um die entsprechende Bereitstellung, Suche und Integration zu ermöglichen.

Erkennungskriterien für gesuchte Web Services sind hierbei z.B. Namen, Identifikatoren oder Kategorien des Services. Dabei strukturiert UDDI wie folgt[61]:

- Programmeinheiten
- Beziehungen zwischen Programmeinheiten
- Dienste
- Spezifikation von Meta-Daten
- Einstiegspunkte in Web Services

Die wichtige Funktion der Standardisierung des Kommunikationsaustausches zwischen Service und Servicenutzer übernimmt SOAP (Simple Object Access Protocol). Hierbei handelt es sich um ein „lightweight protocol intended für exchanging structured information in a decentralised, distributed environment. SOAP uses XML technologies to define an extensible messaging framework, which provides a message construct tht can be exchanged over a variety of underlying protocols"[62].

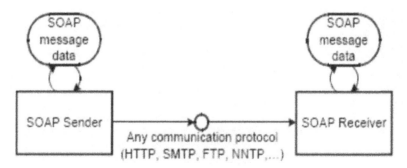

Abbildung 9 - Das SOAP-Kommunikationsmodell[63]

---

[60] Vgl. ebd.
[61] Vgl. ebd.
[62] W3C, Status: Recommendation, SOAP Specification Part 1.2, Juni 2003, http://www.w3.org/TR/soap12-part0/
[63] entnommen aus: Belogradski, Dimitri, Bouche, Paul, SOAP, http://wendtstud1.hpi.uni-potsdam.de/sysmod-seminar/elaborations/gruppe-3/SOAP.pdf

Abbildung 9 verdeutlicht den allgemeinen Gebrauch von SOAP für den Nachrichtenaustausch und als Messaging Framework. Es ist ein Ein-Weg-Protokoll: Nachdem der Sender seine Nachricht zum Empfänger geschickt hat, erwartet er keine Antwort mehr. Die drei wichtigsten Eigenschaften von SOAP sind[64]:

- Erweiterbarkeit
- Unterstützung unterschiedlicher Netzwerkprotokolle
- Unabhängigkeit von einzelnen Programmiermodellen

Jede SOAP-Nachricht ist ein XML-Dokument, dass aus drei Entitäten besteht: Envelope, Body und Header. Hierbei ist der Envelope der Container, der alle weiteren Bestandteile der Nachricht enthält, wie etwa Namespace-Deklarationen oder zusätzliche Attribute. Im Header befinden sich Informationen über die Nachricht selbst, die z.B. für Authentifizierungsmaßnahmen erforderlich sein können. Beim SOAP-Body handelt es sich im Allgemeinen um einen Methodenaufruf, eine Antwort oder eine Fehlernachricht[65].

Nachdem nun die zugrunde liegende Technologie erläutert worden ist, die für das Projektmanagement zur Kommunikation verwendet werden soll, wird im Folgenden kurz auf die Implementierungen der entsprechenden Technologie durch die ausgewählten Frameworks eingegangen.

Web Services sind in .NET Kernbestandteile, die über zwei verschiedene Zugriffswege erreicht werden können: Zum einen über .aspm-Seiten und zum anderen .NET Remoting Web Services. Allerdings sind die .NET Web Services gegenwärtig noch an den Microsoft Internet Information Server und damit die Windowsplattform gebunden. Sun dagegen stellt ein Web Service Developer Pack bereit, das ebXML-konform ist. Web Services werden hierbei häufig als Servlets oder EJBs implementiert[66]. Die verwendeten Konzepte sind somit zwar ähnlich, aber inwieweit die interpretierbaren Spielräume im Rahmen der einzelnen Standardisierungen zu Inkompatibilitäten geführt haben, wird sich im Rahmen der Implementierung noch zeigen.

---

[64] vgl. ebd.
[65] Vgl. ebd.
[66] Vgl. Wieland, Thomas, Stratgievergleich: .NET versus Java, http://www.cpp-entwicklung.de/downld/Strategievergleich.pdf

4.2.2 Datenmodell

Die Entitäten werden mittels Entity Beans umgesetzt. Wenn in der Datenbankkonfigurationsdatei des Application Servers der entsprechende Wert gesetzt ist, werden die erforderlichen Tabellen vom Application Server generiert[67].

In diesem Fall, der auch für das erstellte Tool angewendet wurde, beginnt die Datenbankmodellierung aus der objektorientierten Modellierungssicht. Folgendes Vorgehen wurde im Projekt gewählt: Zuerst wurden die Datentransferobjekte (DTO) mit einem UML-Tool als Klassendiagramm modelliert[68].

DTO ist ein Entwurfsmuster zur Optimierung der Datenübertragung in verteilten Systemen[69].

Daraus wurden vom gewählten UML-Tool Java Klassen generiert. Aus diesen Klassen erstellt der Application Server das Datenbankschema.

UML-Klassendiagramm der Datentransferobjekte:

---

[67] Vgl. Ihns, Heldt, Wirdemann, Zuzmann, „Enterprise JavaBeans komplett", München 2004, Seite 358
[68] Vgl. UML 1.5 Spezifikation, März 2003, Seite 434
[69] Vgl. Ihns, Heldt, Wirdemann, Zuzmann, „Enterprise JavaBeans komplett", München 2004, Seite 206

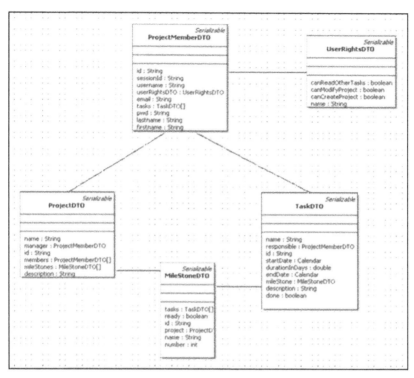

Abbildung 10 – angelehnt an UML Spezifikation, Version 1.5; 2003

4.2.3   Kommunikationsschnittstelle

Seit der Version 2.1 der EJB Spezifikation ist es möglich Stateless Session Beans als Web-Services zu veröffentlichen[70].

Die Stateless Session Bean beinhaltet die Geschäftslogik und greift auf die Entity Beans zu, die die Datenbanklogik abbilden. So wird eine Vereinfachung der Schnittstellenkomplexität erreicht, die auf dem Entwurfsmuster „Facade Pattern" basiert[71].

---

[70] Vgl. EJB-Spezfikation Version 2.1, 2003, Seite 71
[71] Vgl. Gamma, Helm, Johnson, Vlissides „Design Patterns", 1. Auflage, Indianapolis 1995, Seite 185.

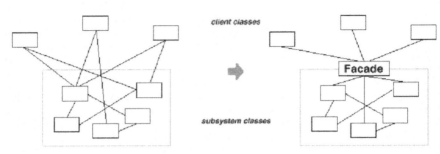

Abbildung 11 - entnommen von Gamma et al., Design Patterns, Addison-Wesley, New York 1994

Das ursprünglich in C++ implementierte Entwurfsmuster wurde für EJB-Anwendungen adaptiert und angepasst. Weil das verbergen der Komplexität in Stateless Session Beans stattfindet, wird die neue Ausprägung „Session Facade Pattern" genannt[72].

4.3 Kontrolle

Da Softwareentwicklung in erster Linie ein iterativer Prozess ist, kommt es bei den dadurch entstehen einzelnen Phase darauf an, entsprechende Fehlerquellen zu eliminieren, damit diese im Rahmen des Gesamtprojekts keine Eigendynamik entwickeln. Die Besonderheit im Rahmen unseres Projektes lag zudem darin, dass unterschiedliche Plattformen verwendet wurden, was zu einer entsprechenden Zweiteilung der Kontrolle führte.

4.3.1 Testen der Serveranwendung

Fehlerhafte Software kann immense Kosten verursachen, die umso höher sind, desto später ein Fehler entdeckt und korrigiert wird. „Nur durch Testen von Software werden Abweichungen des lauffähigen Produkts von der Spezifikation systematisch aufgedeckt und Fehler in der Implementierung, aber auch in anderen Dokumenten lokalisiert."[73] Für die Entwicklung des Projektmanagement-Tools wurde die Testmethode des „Unit Testing" verwendet, dessen Ziel das Auffinden von Fehlern auf

---

[72] Vgl. Marinescu, „EJB Design Patterns", 1. Auflage, New York 2002, Seite 29

Modulebene während der Entwicklungsphase[74].

Zur Umsetzung der Unit Tests wurde die Testsoftware „Junit" verwendet, die von Erich
Gamma und Kent Beck entwickelt wurde. Für testrelevante Klassen werden
Testklassen implementiert, die mehrere Testmethoden beinhalten können und das
tatsächliche Ergebnis mit dem Zielergebnis vergleichen[75].

Auszug aus der Testklasse PmTest:

```
public class PmTest extends TestCase {
    public void testLogon() throws Exception {
        final String username = "gerry";
        final String pwd = "pwd";
        final String targetLastname = "Bachlmayr";
        ProjectMemberDTO pmDto = getPm().logon(username, pwd);
        assertEquals( targetLastname, pmDto.getLastname() );
        ....
        ....
    }
}
```

In der Testmethode „testLogon" wird überprüft, ob das vom Web-Service gelieferte
Passwort des Geschäftsobjekts UserDTO mit dem erwartetem Wert übereinstimmt.
Wenn dies nicht der Fall ist, schlägt der Test fehl[76].

4.3.2   Testen der Clientanwendung

Die Besonderheit beim Test des Clients bestand in diesem Fall darin, dass eine
Komponente innerhalb einer Client/Server-Struktur während der Entwicklung als
Standalone-Einheit behandelt werden musste. Dementsprechend galt es, die
fehlenden Komponenten nachzubilden, als Vorbereitung für eine möglichst
reibungsfreie Zusammenführung.

Dazu mussten zwei Simulationsschritte erfolgen:

1. Nachbildung der oben beschriebenen Datenstruktur

---

[73] Zuser,Biffl, Grechenig, Köhle, "Software Engineering", 1. Auflage; München 2001, Seite 192-
193
[74] Vgl. Cohen, "Java Testing and Design", 1. Auflage; Upper Saddle River 2004, Seite 27
[75] Vgl. Gamma, Beck, „Junit"; http://www.junit.org
[76] Cohen, "Java Testing and Design", 1. Auflage; Upper Saddle River 2004, Seite 169

2. Simulation der entsprechenden Kommunikation

Die Datenstruktur konnte durch den Datenbankdesigner innerhalb des Enterprise Managers des MS SQL Servers zeitunkritisch nachgebildet werden. Vorteil dieser Maßnahme war es, dass der entsprechende Aufwand gering war und eine möglichst reibungsfreie Integration gegeben war. Die Überwachung des Datenverkehrs erfolgte anhand des Dienstprogramms „Profiler", einem Tool des SQL-Servers, mit dem die entsprechenden Zugriffe analysiert werden konnten.

Um die Kommunikation nachzustellen, wurde für den Client ein konformer Web Service durch den Web Services – Projektdesigner, einem in Visual Studio 2003 integrierten Entwicklungstool, erstellt, was ebenfalls schnell erfolgen konnte.

Diese zweigleisige Entwicklung wurde von uns dahingehend als sinnvoll eingeschätzt, dass der durch die Verwendung der entsprechend zur Verfügung stehenden Hilfstools ansonsten entstehende organisatorische Aufwand amortisiert werden sollte.

5 Implementierung

Wie bereits oben geschildert worden ist, handelt es sich bei der von uns gewählten Implementierungsstruktur um eine Client/Server – Applikation. Diese ist allgemein dadurch gekennzeichnet, dass die Verarbeitung der Gesamtlogik verteilt auf mehreren Rechnern stattfindet und somit in mehrere Komponenten aufgeteilt ist. Für unser Projekt erschien es uns als am sinnvollsten, die Business- und Datenbanklogik auf dem Server zu implementieren, und die Anwendungsschicht clientseitig, wodurch in unserem Szenario alle definierten Anforderungen erfüllt worden sind und eine möglichst hohe Performance erreicht werden sollte.

5.1 Server

Um die Anwendung skalierbar zu halten und einen standardisierten Persistenzmechanismus zu verwenden wurden Java Enterprise Beans (EJB) eingesetzt.

Diese benötigen einen EJB-Container oder einen Application Server der die Enterprise Java Bean Spezifikation umsetzt[77]. Der Application Server „JBoss" wurde eingesetzt, da dieser frei ist und die gesamte Java 2 Enterprise Edition Spezifikation (J2EE)

---

[77] Sun, „Enterprise JavaBeans Specification 2.1",
http://java.sun.com/products/ejb/docs.html#specs 2003, Seite 458

umsetzt[78]. EJB's sind eine Teilmenge der J2EE und werden somit von JBoss
unterstützt[79].

5.2 Client

Die wesentliche Aufgabe des Clients ist es, den Usern die Funktionalität der Web
Service – Applikation grafisch zur Verfügung zu stellen, die Durchführung
entsprechender Eingaben zu ermöglichen und dieses dann dem Server weiterzugeben.

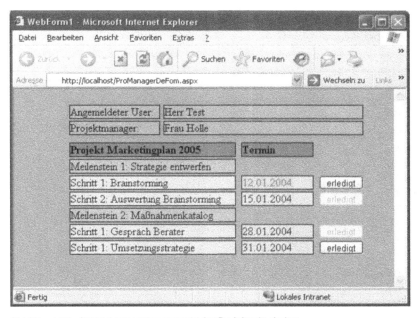

Abbildung 12 - Client-Anwendungsschicht für Projektmitarbeiter

Um dies im Rahmen der Gesamtstruktur durchführen zu können, war es notwendig,
Vorkehrungen dafür zu treffen, die vom Server übertragenen Daten clientseitig
verarbeiten zu können. Dazu wurde eine GetData - Klasse implementiert, die die vom
Server übertragenen Daten in ein DataSet - Objekt geschrieben hat. Hierbei handelt es

---

[78] JBoss, "Data Sheet", http://www.jboss.com/pdf/JBoss_AS_4.0_Datasheet.pdf

sich um eine vom .NET - Framework bereitgestellte Klasse, durch die während der Laufzeit der Applikation ein entsprechendes Datenobjekt im Speicher gehalten wird, das in der Lage ist, jegliche Datenstruktur aufzunehmen. Hierdurch ist der Client jederzeit in der Lage, die gewünschten Elemente anzuzeigen und die Usereingaben on the fly zurückzuschreiben. Dies garantiert die Datenkonsistenz auf Seiten des Clients. Nach dem Ende der clientseitigen Bearbeitung wird das gesamte Objekt zurück übertragen. Mit dem Abmelden des Users wird das Objekt gelöscht. Als graphischer Mittler diente die WebForm ProManagerDeFom.aspx. Dabei handelt es sich um ein ebenfalls vom .NET - Framework zur Verfügung gestelltes Userinterfaces, das zum einen die graphischen Anzeigeelemente in Form von HTML und entsprechenden Skriptsprachen enthält und zum anderen die zugehörige dahinter liegende Klasse, die die Benutzereingaben verarbeitet und die Datenänderungen in das DataSet – Objekt zurück schreibt.

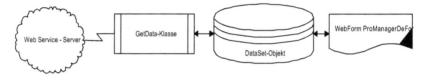

Abbildung 13 - Clientstruktur

Abbildung 13 verdeutlicht die angewandte, lineare Clientstruktur.

5.3   Testfälle

Für das automatisierte Testen wurden Junit-Klassen erstellt, die die Serveranwendung über die Web-Service-Schnittstelle testen. Um die Funktionalität der serverseitigen Anwendung zu testen wurden Unit Tests entwickelt, die per Web Service Schnittstelle auf die Serveranwendung zugreifen. Die Testfälle werden im Folgenden beschrieben.

---

[79] Sun, Java™ 2 Platform Enterprise Edition Specification, v1.4, http://java.sun.com/j2ee/j2ee-1_4-fr-spec.pdf, Seite 16

5.3.1 Logon

Die Testmethode „testLogon" überprüft, ob ein Anmeldeprozess ein korrektes Objekt vom Typ UserDTO zurückliefert. Dies wird anhand eines Vergleichs von erwartetem und geliefertem Nachname erreicht.

5.3.2 Meilensteine anhand der Projektprimärschlüssels

In der Methode „testGetMileStonesByProjectPk" wird getestet, ob einem bestimmten Projekt mindestens ein Meilenstein zugeordnet wurde.

5.3.3 Meilenstein anhand des Projektprimärschlüssels

Die Testmethode „testGetMileStoneByPrimaryKey" ist erfolgreich wenn die Anzahl der Projektmitglieder eines Projektes dem erwarteten Wert entspricht.

5.3.4 Aufgaben eines Projektmitglieds erhalten

Zu einem Projektmitglied, das durch einen Primärschlüssel identifiziert wird, müssen eine oder mehrere Aufgaben geliefert werden. Dieser Test erfolgt in der Methode „testGetTasksByProjectMemberId".

5.3.5 Projekt anhand des Primärschlüssels erhalten

Beim durch den Web-Service gelieferten Objekt vom Typ ProjectDTO wird eine Übereinstimmung mit dem erwarteten Projektname überprüft.

5.4 Systemzusammenführung

Im Rahmen der Systemzusammenführung sollte in einem letzten Schritt der Web Service in das Clientprojekt eingefügt werden, um die Gesamtsystemfunktionalität zu testen.

5.4.1 Problemstellung

Um dieses Ziel zu erreichen wurde die im Visual Studio 2003 integrierte Verbindungsfunktionalität benutzt. Zwar wurde der Web Service erkannt, auch mit den zugrunde liegenden Methoden, die notwendige Projekteinbindung konnte jedoch nicht erreicht werden, da die URI des Web Service nicht im clientgültigen Format erkannt worden ist.

Diesbezüglich konnten zwei mögliche Fehlerursachen identifiziert werden:

1. Das vom Servertool generierte Web Service – Format ist allgemein nicht clientkompatibel
2. Der speziell erzeugte Web Service ist nicht clientkompatibel.

Dementsprechend wurde der Test mir standardisierten AXIS – Web Services durchgeführt, was zum gleichen Resultat führte, womit feststand, dass ein allgemeingültiges Interoperabilitätsproblem bestand.

Im Kontext von Web Services ist Interoperabilität die Fähigkeit der Konsumenten, die vom Anbieter der Services nach außen zur Verfügung gestellten Dokumente lesen und verstehen zu können[80]. Dieses Ziel kann aber nur dann erreicht werden, wenn die Standards konsequent eingehalten werden. Aber selbst dann, wenn die Protokolle mit dem höchsten Standardisierungsgrad ausgewählt werden, ist eine entsprechende Interoperabilität der beteiligten Plattformen unter Umständen nicht gegeben, wenn zwei Anbieter von Webrservicewerkzeugen Teile der Spezifikation unterschiedlich interpretieren oder gar nicht unterstützen[81].

Dies wird insbesondere deutlich, wenn man sich diese Problematik anhand von SOAP verdeutlicht. Hierbei gibt es zwei Hauptanwendungsfälle: das Verschicken von Nachrichten und das Ausführen von RPCs (Remote Procedure Calls). Das Verschicken einer Nachricht ist eine Art der Kommunikation, in diesem Fall der Einwegkommunikation, da nur diese von SOAP unterstützt wird[82].

---

[80] Vgl. Thielen, Markus, Qualitätssicherung von Web Services, http://www.uni-koblenz.de/~mthielen/studies/qualitaetssicherung_von_webservices.pdf
[81] Vgl. ebd.
[82] Belogradski, Dimitri, Bouche, Paul, SOAP, http://wendtstud1.hpi.uni-potsdam.de/sysmod-seminar/elaborations/gruppe-3/SOAP.pdf

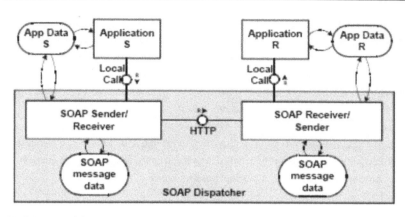

Abbildung 14 - SOAP RPC Kommunikationsmodell83

Bei SOAP-RPC erfolgt, wie Abbildung 14 zeigt, ein lokaler Aufruf zum SOAP Sender, um Informationen mittels einer SOAP Nachricht zu versenden und der SOAP Sender baut aus den empfangenen Informationen und eventuell aus den Applikationsdaten die SOAP Nachricht zusammen[84]. Der SOAP Receiver Akteur empfängt wiederum diese Nachricht und verarbeitet diese auf dieselbe Weise, wodurch die Anwendung lokal aufgerufen wird und die entsprechende Funktionalität ausführt. Dabei ist es von der SOAP Implementierung abhängig, inwieweit diese Komponenten zusammen arbeiten können.

Führt man einen RPC mit SOAP aus, gibt es zwei verschiedene Arten, diesen in SOAP zu kodieren[85]: Zum einen eben durch den DOC-Stil und zum anderen durch den RPC – Stil, wobei die gleichen Informationen in unterschiedlicher Weise in dem XML Dokument kodiert werden. Dadurch entsteht die aufgetretene Interoperabilität, da das unterschiedliche Encoding eine differente Implementierung der Encoding - Layer zur Folge hat[86]. Dies wird auch dadurch gestützt, dass .NET den Document – Style defaultmäßig verwendet[87]

---

[83] entnommen aus: Vgl. ebd.

[84] Vgl. ebd.

[85] Vgl. ebd.

[86] Vgl. Renner, Martin, Web Services in der Praxis – Messdaten-Integration bei DaimlerChrysler, http://www.exxcellent.de/downlod/WebServices%20in%20der%20Praxis.pdf

[87] Vgl. Frotscher, Thilo, Advanced Web Services mit Apache AXIS, http://www.wjax.de/konferenzen/w-jax03/powerworkshops/pw02_frotscher_1.pdf

Die aufgetretene Interoperabilität kann weiterhin dadurch erzeugt werden, dass Unterschiede im Rahmen der Transport - Funktionalität bei der SOAPAction im http request header auftreten, der spezifiziert und quotiert sein muss[88]. Hierbei benutzt .NET den SOAPAction header, um die gewünschte Operation auszuführen und Apache benutzt den Namespace URI des ersten Childelementes des SOAP-body, um die entsprechende Operation auszuführen, SOAPAction wird also ignoriert[89]. Zusammenfassend kann also letztlich geurteilt werden, dass aufgrund der interpretierbaren Standards vor allem bei SOAP durch die unterschiedlichen Hersteller Inkompatibilitäten entstanden sind, die ein frameworkübergreifendes Implementieren ohne customized Solution nicht möglicht macht.

5.4.2 Lösungsansatz

Ein möglicher Lösungsansatz in diesem Fall wäre es, eine entsprechende WSDL selbst zu erstellen. Aufgrund der Komplexität dieses Vorgangs könnten hierzu entsprechende Tools, wie z.B. die Web Service Validation Tools für Eclipse herangezogen werden.

Insgesamt sollten dabei folgende Schritte beachtet und durchgeführt werden[90]:

- komplexe Schema – Konstrukte vermeiden
- komplette Schema- und WSDL- Definitionen in einer Datei anlegen
- entsprechend oben geschilderter Problematik für jede Methode eine eindeutige SOAPAction definieren
- Das Web Service Framework dazu bringen, die selbst erstellte WSDL auszuliefern, was bei AXIS z.B. durch den Parameter „wsdlFile" in der deploy.wsdd möglich wäre.

Außerdem ist in Zukunft von einer größeren Kompatibilität auszugehen, es im Rahmen von AXIS intensive Bemühungen gibt, vor allem zu .NET eine einheitliche Implementierung der Standards umzusetzen[91].

Letztendlich bleibt festzuhalten, dass es einen Musterlösungsansatz für die Überwindung der Interoperabilität nicht gibt, sondern verschiedene einzelne Ansätze je

---

[88] Vgl. IDS Scheer, http://wsp2003.tripod.com/x
[89] Vgl. ebd.
[90] Vgl. Renner, Martin, Web Services in der Praxis – Messdaten-Integration bei DaimlerChrysler, http://www.exxcellent.de/downlod/WebServices%20in%20der%20Praxis.pdf

nach Situation gewählt werden müssen. Diese in ihrer Ganzheit darzustellen ist jedoch nicht innerhalb der Thematik dieser Arbeit.

6 Fazit

Das Ziel dieser Seminararbeit war die Erstellung eines frameworkübergreifenden Projektmanagementtools anhand von Web Services. Dazu wurde zuerst herausgearbeitet, was ein Projekt ist und aus welchen Komponenten und welchen zugehörigen Interdependenzen es sich zusammensetzt. Anschließend wurde im Schwerpunkt auf den infrastrukturellen Rahmen der zugehörigen Umsetzung eingegangen, mit der Web Service – Technologie im Mittelpunkt. Hierzu kann allgemein festgehalten werden, dass Web Services in ihrem Prinzip geeignet sind, verteilte Logiken über verschiedene Plattformen hinweg zu ermöglichen. Eine wesentliche Voraussetzung, um dies auch umsetzen zu können, ist die Einhaltung von entsprechenden Standards bzw. die Klärung der interpretatorischen Freiräume innerhalb dieser Standards. Nachdem die Implementierung und die Tests der einzelnen Komponenten erfolgreich gestaltet werden konnten, scheiterte die Zusammenführung eben an diesem Aspekt. Ein entsprechender Lösungsansatz ist aufgezeigt worden, die Generierung einer customized WSDL, allerdings wurde aufgrund der Komplexität dieses Vorgangs im begrenzten Rahmen dieser Seminararbeit auf diesen Schritt verzichtet. Letztendlich kann also abschließend festgehalten werden, dass die Teilziele der Herausarbeitung der Grundlagen für ein Projektmanagementtool sowie die Implementierung der einzelnen Komponenten erreicht worden sind und für die Problematik der fehlenden Herstellerinterdependenz im Rahmen der Web Services – Standards ein entsprechender Lösungsweg aufgezeigt wurde.

Ein weiteres wesentliches Ergebnis der Arbeit war, dass gerade ein überwiegend verteilt genutzt Instrument, wie ein Projektmanagementtool es darstellt, besonders dazu geeignet ist, über eine Web Service – Architektur realisiert zu werden. Dieser Aspekt wird noch dadurch verstärkt, dass die Bemühungen der entsprechenden Standardisierung auf Herstellerseite immer mehr intensiviert werden.

---

[91] Vgl. Degenring, Arne, Integration mit Web Services Gateways,
http://www.sigs.de/publications/js/2003/03/degenring_JS_03_03.pdf

7 Abbildungsverzeichnis

8 Tabellenverzeichnis

9   Quellenverzeichnis

- „DIN 69 901"; Beuth Verlag GmbH, Berlin 1987
- Ashmore, The J2EE Architect's Handbook, 1. Auflage, DVT Press, Lombard 2004
- Belogradski, Dimitri, Bouche, Paul, SOAP, http://wendtstud1.hpi.uni-potsdam.de/sysmod-seminar/elaborations/gruppe-3/SOAP.pdf, Stand: 24.01.2005
- Binh-Tam, Le, Web Services – Technologieansatz und Paradigmenwechsel, http://www.iib.bauing.tu-darmstadt.de/it@iib/1/1_it@iib_webservices.pdf, Stand: 23.01.2005
- Chappell / Chewell, Java Web Services, 1. Auflage, O'Reilly, Sebastopol 2002
- Cohen, Java Testing and Design – From Unit Testing to Automated Web Tests, 1. Auflage, Prentice Hall, Upper Saddle River 2004
- Degenring, Arne, Integration mit Web Services Gateways, http://www.sigs.de/publications/js/2003/03/degenring_JS_03_03.pdf, Stand: 24.01.2005
- EJB-Spezfikation Version 2.1, November 2003
- Friedrich, Mirko, Web Services, http://ais.informatik.uni-leipzig.de/download/2003s_s_cwm/mirko.friedrich_web-services.pdf, Stand: 23.01.2005
- Frotscher, Thilo, Advanced Web Services mit Apache AXIS, http://www.wjax.de/konferenzen/w-jax03/powerworkshops/pw02_frotscher_1.pdf, Stand: 24.01.2005
- Gamma et al., Design Patterns, 1. Auflage, Addison-Wesley, Indianapolis 1995
- Gamma, Beck, Junit, http://www.junit.org
- Georg Kraus,Reinhold Westermann; „Projektmanagement mit System, Organisation, Methoden, Steuerung"; Gabler; Wiesbaden 1995
- Grasmann, Stefan, Lentz, Steffen, .NET and the outside world – Kommunikation und Architektur mit Web Services in heterogenen Umgebungen, http://www.zuehlke.com/de/pdf/vortraege/WebServices-NET-and-the-outside-world.pdf, Stand: 24.01.2005
- Hauser, Tobias, Löwer, Ulrich, Web Services – Die Standards, Galileo Press GmbH, Bonn, 1. Auflage, 2004
- Hein Schulz-Wimmer; „Projekte managen"; Haufe; Freiburg im Breisgau 2002
- http://www.gernotstarke.de/themen/swe0304/Handout_UseCases_SWE_FHSWF0304.pdf, Stand: 24.01.2005
- IDS Scheer, http://wsp2003.tripod.com/x, Stand: 24.01.2005
- Ihns, Heldt et al., Enterprise JavaBeans komplett, 1. Auflage, Oldenbourg, München 2004
- JBoss, Data Sheet, http://www.jboss.com/pdf/JBoss_AS_4.0_Datasheet.pdf, 2004

- Larman, Applying UML and Patterns, 2. Auflage, Prentice Hall PTR, Upper Saddle River 2002
- Manfred Burghardt, „Einführung in Projektmanagement: Definition, Planung, Kontrolle, Abschluss" 2. Auflage; Wiley-VCH Verlag GmbH ; Erlangen 1999
- Marinescu, EJB Design Patterns, 1. Auflage, John Wiley & Sons, New York 2002
- Michael Bernecker, Klaus Eckrich: „Handbuch Projektmanagement"; Oldenbourg; München 2003
- Oestereich, Objektorientierte Softwareentwicklung – Analyse und Design mit der UML 2.0, 6. Auflage, Oldenbourg, München 2004, Seite 89-91
- Renner, Martin, Web Services in der Praxis – Messdaten-Integration bei DaimlerChrysler, http://www.exxcellent.de/downlod/WebServices%20in%20der%20Praxis.pdf, Stand: 24.01.2005
- Roman Bendisch, „Effizientes und Effektives Projektmanagement"; Vorlesungsscript FOM 2004
- Roman et al., Mastering Enterprise JavaBeans, 2. Auflage, John Wiley & Sons, New York 2001
- Seifried, Christian, Standardisierung von Web Services, http://www.informatik.uni-mannheim.de/pi4/lectures/ss2004/seminar/ausarbeitungen/seifried_standardisierung.pdf, Stand: 23.01.2005
- Starke, Gernot, Software-Engineering,
- Sun, Enterprise JavaBeans Specification 2.1, http://java.sun.com/products/ejb/docs.html#specs, 2003
- Sun, Java™ 2 Platform Enterprise Edition Specification, v1.4, http://java.sun.com/j2ee/j2ee-1_4-fr-spec.pdf, 2003
- Thielen, Markus, Qualitätssicherung von Web Services, http://www.uni-koblenz.de/~mthielen/studies/qualitaetssicherung_von_webservices.pdf, Stand: 23.01.2005
- Thomas Erler, UML, bhv Verlag 1. Auflage, Landsberg 2000
- UML 1.5 Spezifikation, März 2003
- W3C, Status: Recommendation, SOAP Specification Part 1.2, Juni 2003, http://www.w3.org/TR/soap12-part0/
- W3C: Web Services Glossary, http://www.w3.org/TR/ws-gloss/, Stand: 23.01.2005
- Wieland, Thomas, Stratgievergleich: .NET versus Java, http://www.cpp-entwicklung.de/downld/Strategievergleich.pdf, Stand: 23.01.2005
- Wischnewski, „Modernes Projektmanagement: PC-gestützte Planung, Durchführung und Steuerung von Projekten" 7. Auflage; Vieweg; Wiesbaden 2001
- Yankee Group: "Prediction About Web Services Hype Came True in Spectacular Fashion"; http://yankeegroup.com/public/index.jsp; Boston 12. Oktober 2004
- Zuser et al., Software Engineering, 1. Auflage, Pearson Studium, München 2001

www.ingramcontent.com/pod-product-compliance
Lightning Source LLC
LaVergne TN
LVHW042302060326
832902LV00009B/1203